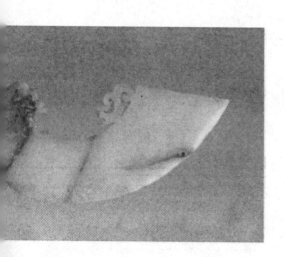

中国文化知识读本
Zhongguo Wenhua
Zhishi Duben

良渚文化的玉器

主编 金开诚

编著 魏永康

吉林出版集团有限责任公司
吉林文史出版社

图书在版编目（CIP）数据

良渚文化的玉器 / 魏永康编著. -- 长春：吉林出
版集团有限责任公司：吉林文史出版社，2009.12 （2023.4重印）
（中国文化知识读本）
ISBN 978-7-5463-1262-0

Ⅰ. ①良… Ⅱ. ①魏… Ⅲ. ①良渚文化-古玉器-简
介 Ⅳ. ①K876.8

中国版本图书馆CIP数据核字（2009）第223055号

良渚文化的玉器

LIANGZHU WENHUA DE YUQI

主编/金开诚 编著/魏永康

项目负责/崔博华 责任编辑/曹恒 崔博华

责任校对/梁丹丹 装帧设计/柳甫泽 王丽洁

出版发行/吉林出版集团有限责任公司 吉林文史出版社

地址/长春市福祉大路5788号 邮编/130000

印刷/天津市天玺印务有限公司

版次/2009年12月第1版 印次/2023年4月第4次印刷

开本/660mm×915mm 1/16

印张/8 字数/30千

书号/ISBN 978-7-5463-1262-0

定价/34.80元

前　言

　　文化是一种社会现象，是人类物质文明和精神文明有机融合的产物；同时又是一种历史现象，是社会的历史沉积。当今世界，随着经济全球化进程的加快，人们也越来越重视本民族的文化。我们只有加强对本民族文化的继承和创新，才能更好地弘扬民族精神，增强民族凝聚力。历史经验告诉我们，任何一个民族要想屹立于世界民族之林，必须具有自尊、自信、自强的民族意识。文化是维系一个民族生存和发展的强大动力。一个民族的存在依赖文化，文化的解体就是一个民族的消亡。

　　随着我国综合国力的日益强大，广大民众对重塑民族自尊心和自豪感的愿望日益迫切。作为民族大家庭中的一员，将源远流长、博大精深的中国文化继承并传播给广大群众，特别是青年一代，是我们出版人义不容辞的责任。

　　本套丛书是由吉林文史出版社和吉林出版集团有限责任公司组织国内知名专家学者编写的一套旨在传播中华五千年优秀传统文化，提高全民文化修养的大型知识读本。该书在深入挖掘和整理中华优秀传统文化成果的同时，结合社会发展，注入了时代精神。书中优美生动的文字、简明通俗的语言、图文并茂的形式，把中国文化中的物态文化、制度文化、行为文化、精神文化等知识要点全面展示给读者。点点滴滴的文化知识仿佛颗颗繁星，组成了灿烂辉煌的中国文化的天穹。

　　希望本书能为弘扬中华五千年优秀传统文化、增强各民族团结、构建社会主义和谐社会尽一份绵薄之力，也坚信我们的中华民族一定能够早日实现伟大复兴！

目录

一、古国古城

坐落在良渚镇荀山边上的良渚博物院

（一）美丽小洲的故事

几百万年的时间里，人类已经在地球上创造了无数的奇迹。神秘的人类历史则因为各种各样的自然因素发生着巨大变化。单就地理坐标来讲，广受人们关注的北纬 30 度地带一直以来就被蒙上了神秘的面纱。科学家们发现这一纬度有地球的最高点珠穆朗玛峰与最低点太平洋马里亚纳海沟，中国的长江、美国的密西西比河、非洲的尼罗河等世界级河流也都是在这个纬度注入大海。而此刻，一些新近发掘的神奇事物又在这个纬度不断地创造着自己的神话。奇迹的产生往往与时间的过渡有着密切的关联。经历过岁月

良渚古城遗址

的考验，至今依旧能够发挥重要作用的便能够成为遗产。我们用"经典"这两个字来形容"良渚文化"并不夸张。这个奇迹源自一块神秘的古玉。

六十多年前，中国东南方湖海之滨的一个小镇，引起了世人的瞩目。从浙江杭州市中心出发，沿着杭宁公路向西北驱车约15公里，便可见到一座富有江南水乡特色的古镇——良渚镇。这里属天目山余脉与杭嘉湖平原的接壤地带，河流纵横交错，沃野阡陌绵延，村落星罗棋布。良渚是个耐人寻味的地名，"良渚"在宋代被称作"梁渚里"，到了清代，才改为"良渚"。

良渚古城遗址局部

"良"是美好的意思；而"渚"则指水中可居的小洲，良渚就像它的名字一样，是一个"美丽的小洲"。

半个多世纪的考古发现，全县近五十个乡几乎都发现了原始文化遗物，遗址最集中、最丰富的是北湖、长命至安溪、良渚一带。在仅三四十平方公里的范围内，集中了多达四五处的古文化遗址。

这里是中国五千年文明史最具规模的地区之一，为研究长江下游的文明起源提供了不可多得的资料。这一切都源于1936年的一次石破天惊的考古发现，它拉开了探索中国南方史前文化的序幕。

（二）发现与命名

良渚文化，距今大约四五千年，谈起它的发现，有两个重要的人物不能不被提到，他们就是何天行与施昕更。

何天行先生自幼熟读古文，博古通今，有着深厚的文化素养。早在1935年以前，良渚一带盗挖文物之风就很盛行。当时风华正茂的何天行先生正在复旦大学中国文学系就读，而开设的课程中就有考古学，他对此感兴趣，经常利用假期到民间探访，其中就包括良渚。在良渚采集和购买了很多陶器和石器，并于1937年4月出版了《余杭县良渚镇之石器与黑陶》，开了良渚文化研究的先河。

施昕更先生生于杭州余杭良渚镇一户家道中落的人家。他自幼聪颖，中学毕业后考入浙江省高级工业学校艺徒班学习绘图，为后来的考古发掘工作打下了基础。1936年初，杭州市在西湖西北的古荡老和山下（在今浙大玉泉校区内）建造第一公墓时，曾陆续出土一些石器和陶器。这些发现引起了西湖博物馆的重视，并于5月31日对这一处古遗址进行试掘。施昕更也一并参加。尽管这次试掘仅进行了一天，

良渚古城遗址给后人留下了许多迷思

共挖开了三个探方，发掘出石器六件、陶片三块，收获虽不丰富，却因此激发了热心于考古事业的施昕更的热情，成为发现良渚遗址的契机。在整理出土器物的过程中，一件有孔石斧引起了施昕更的注意。这种石斧在他的家乡良渚一带常有发现，当地村民称作石铲。清末民初之际，良渚出土或传世的古玉早已闻名遐迩。当地农民为利益所驱，盗挖古玉成风，盗坑附近常散落一些石器及陶片。施昕更从小对当地的"掘玉"耳濡目染，印象深刻。然而，老和山和良渚之间有着什么样的联系呢？施昕更有了回老家调查的想法。同年6月，他回良渚作了一次深入调查，

浙江反山良渚文化23号墓出土的文物

但毫无收获。

施昕更并不气馁，一个月后他再次回到良渚。他在采集到几件石器后便回馆进行分析研究，可仅仅靠几件石器来研究是不够的，还必须要有更多的资料。为此他一有空就往良渚跑，穿行于田野之中。6个月的野外考古十分艰苦，由于疲劳过度施昕更几次晕倒，幸好被村民发现及时送回家里。施昕更并没有因此放弃调查工作，病好后又回到乡间田野，寻找先民踪迹。正所谓"功夫不负有心人"，1936年11月3日的下午，施昕更在朱村兜附近发现了几片"黑色有光的陶片"。陶片的发现让施昕更兴奋了很久，这说明良渚地区的确埋有重要的文化遗藏。

1936年12月，施昕更主持了良渚遗址的首次发掘，也是江南地区的第一次考古发掘。对良渚的发掘陆续进行了3次，积聚了一批实物资料，但当时的施昕更没有意识到这是一种独立的文化，而是把它定为龙山文化的分支。1938年，考古发掘报告《良渚》出版了，年轻的施昕更作为良渚文化研究的开拓者留在了良渚的史册上。

浙江反山 23 号大墓出土了大量的玉器精品

《良渚》的发表，使这个美丽的名字进入了中国学术界的视野，越来越多的考古学家开始关注起良渚，对良渚文化遗址的发掘也逐渐展开。尤其是到了 20 世纪 50 年代，环太湖的考古工作陆续展开，良渚遗址像雨后春笋般钻出地面，它丰富的遗址内涵和文物，在考古界掀起了一阵"良渚风"。

1959 年 12 月，考古界专家夏鼐先生在长江文物考古队队长会议上正式提出了"良渚文化"的命名，"良渚文化"从那时候开始在学界得到了公认。经测定，良渚文化距今 4000 年到 5000 年。

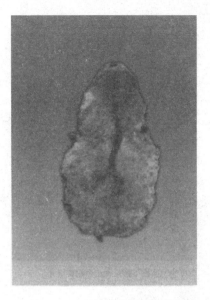

湖北天门石家河古城遗址出土的文物

（三）掘地惊天

20 世纪 60 年代后期开始，太湖地区变得沉寂了，直到 1973 年夏天，余杭县长命乡的一个村民在农田翻地时，意外地挖出了一些古玉器。经过文物部门鉴定，这个农民挖出来的古玉，是距今 5000 年前的玉器。

考古人员沿着这个线索寻找，最后找到了一个叫反山的地方。说它是山，不过是比其他地方高出四五米的一个大土堆，

精美的玉器被不断从泥土中挖掘出来

这个土堆并不是自然形成的，而是由人工堆筑成的熟土堆。是什么人在什么年代为什么而堆的？在这个土堆附近，为什么会出现古玉？考古人员立即想到了"良渚文化"。

反山位于良渚镇西北方向五公里处，从农民挖出的古玉看，材质和器形都与"良渚文化"的文物类似。难道反山土堆下面埋藏着"良渚文化"的遗存？

浙江考古研究所组成的挖掘小组进入反山工地，就在发掘进行到第22天的时候，人们在一个南北走向的墓坑中有了发现。然而不合时宜的暴雨迫使他们不得不停下手中的工作。第三天下午，雨过天晴，发掘队的全体人员都聚集在这个墓坑的边上。突然，在坑下作业的人员大喊一声，人们的目光投向他用铁铲翻起的泥土，泥土中露出一个带有温润光泽的绿色器物的一角。

一件精美的玉器从泥土中清理了出来，这就是史籍中有过记载的玉琮。以往在良渚文化遗存中也有玉琮出土，但像这么大、这么精美的玉琮却从没有见过，现场的所有人都惊呆了。紧接着，一件更大的玉琮出土了，这个玉琮重达6.5千克，后来被称为"玉琮王"。随后各种形状的玉器不断被发现，在这个编号为 12 的墓坑中，一共出土了 700 多件玉器，这些玉器从头到脚围绕着墓主人，摆放十分讲究，似乎在表达着某种信仰和理念。

12 号墓清理完了以后，考古人员在 600 平方米的范围内，又陆续发现了另外十座良渚时期的墓葬，出土玉器达 5000 多件，这是良渚文化考古发掘史上最为壮观的一次发掘。

（四）神秘的莫角山

据近年的调查和钻探，遗址群内已发现一百多处遗址，其中最大的一处就是莫角山遗址。

对莫角山遗址的认识经历了一个漫长的深化过程。由于体量巨大，又被林木覆盖。很长时间里莫角山一直未被考古部门注意。解放前这里是一片乱坟岗，解放后

莫角山土墩的泥层面上有密集而清晰的夯窝

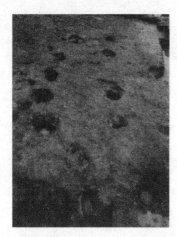

莫角山遗址

这一区域被开辟为果园，在平整土地的过程中，许多汉墓曾被毁掉。1970年，当地一位农民在遗址西南部的桑树头建房时，又掘出两块玉璧和一些石钺，于是又判定这里有良渚文化遗存。此后很长时间，考古部门从未获得有关该遗址的文物信息。

1987年，浙江省考古所配合104国道改造工程，对遗址东南部进行了发掘，共挖出25平方米的探方十三个，结果出人意料地发现大面积的坡状烧土堆积。由此，考古工作者开始对这一遗址刮目相看。就在红烧土堆积大面积被发掘的同时，遗址西侧国道旁的水沟边也发现了七米长的红烧土堆积。此后数年中，在遗址北侧、南端等地均发现红烧土遗存。

为了揭示这片沙土的真实面目，1992年9月至1993年7月，考古工作者在基建工程范围内进行了发掘。共计发掘面积近1400平方米，发现大面积夯土建筑基址。此间，在小莫角山南侧进行的小规模的抢救性发掘，发现同样结构的夯土建筑基址，基址面上还发现成排的柱洞。莫角山的庐山真面目由此开始显露出来。

经过数月的发掘，再结合调查钻探资料，

推测夯筑遗存总面积应不少于3万平方米。如此巨大成片的夯筑层必定是某项大型建筑的基址。夯筑层和被压的地层及灰坑皆属良渚文化时期。夯层的沙土内也出土了为数极少的良渚时期的碎小陶片。这些都表明该建筑基址是良渚文化遗存。这一发现使我们首次看到了良渚时期的大型夯土基址和打破基址的大型柱洞。

经过多年的资料积累，莫角山已被证实是一处人工夯筑的巨型土台。它形态规整，气势恢弘，土台内的文化内涵非常丰富。莫角山发现的夯土建筑基址是良渚时期罕见的。在数万平方米的面积内用同一种方式即一层薄沙、一层薄泥精心地逐层夯筑，足见其异乎寻常的重要。这种夯筑方式本身是一个创举，更是一种尊贵的象征。

考古发掘虽然只揭示了大型夯土建筑基址的局部及基址上的数排大型柱坑，表明这里曾经矗立过极为重要的建筑。按照莫角山遗址的位置及规模，三万平方米的超大型夯土基址上应该有一组庞大的建筑群，而这一建筑群应该就是当时最高权力的象征。如果遗址上的三个土台——大莫

莫角山遗址

良渚鸡骨白兽面三叉型玉器

角山、小莫角山、乌龟山被确认为良渚时期的遗存，那么它们很可能就是大型基址上的主体建筑。三万平方米的夯土基址是一个总体基础，主体建筑区另有加高的台基，广大的露天台面应是能进行大型活动的广场。夯土基址上大面积的沟埂遗存、积石坑和灰坑，可能是重要的礼制性遗存。1987 年在遗址东南部小规模发掘中揭露出的位于夯土基址边缘的坡状烧土堆积，也应是礼制性、宗教性活动的遗存。

随着对良渚文化的深入研究，莫角山遗址的重要性得到了越来越多的认同。莫角山已不仅仅是余杭良渚遗址群的权力中心，而且是整个良渚文化的政治和宗教中心。

（五）东方金字塔

反山良渚墓葬出土的大量玉器，使中国玉器的历史一下提前了两三千年，也使民间传世的古玉价值陡然剧增。而一些人也乘机盗掘古墓。距反山五公里的瑶山成为他们的目标，而这竟引发了良渚文化的又一次重大考古发掘。

瑶山是一座海拔 38.2 米的自然小山，在山顶下西北部的缓坡地带，考古人员发现了一个奇怪的夯土建筑。接着，考古人员又在土台上发现了 12 座墓葬，并从这些墓葬中发掘出 1000 多件器物，其中 90％以上是玉器。从出土文物的器形和大量的玉器可以判断，这些墓葬属于良渚文化。考古人员确信，这座土台是远古人们从事某种精神活动的祭台，而墓葬中那些形态各异的玉器便是见证。

汇观山与瑶山相距不远，是一座高约 30 米的自然山冈。1991 年，在这里也发掘出一座较为完整的良渚文化祭坛，且两处所发现的祭坛形制十分接近。祭坛西南部的四座大型良渚文化墓葬中也同样出土了数量可观的玉器。反山遗址的发掘收获颇丰，共发掘出十一座墓，出土了 1200 多件

瑶山出土的良渚文化玉器

（组）随葬品，特别是一大批精美绝伦的玉器，完全超过了以往发现的规格。

接下来的十年里，常州、苏州、上海一带，一座座"山""墩"被发现，原来它们都是良渚人的墓地，一个个大墓打开了，同样的玉器，甚至更加精致、数量更多。不仅仅是这些精致的手工艺品令人瞩目，随着上海青浦福泉山遗址发掘工作的展开，考古学家们发现，原来有些"山"是人工堆筑起来的，这比精美的玉器更加令人震惊。

瑶山玉琮

良渚文化的玉器

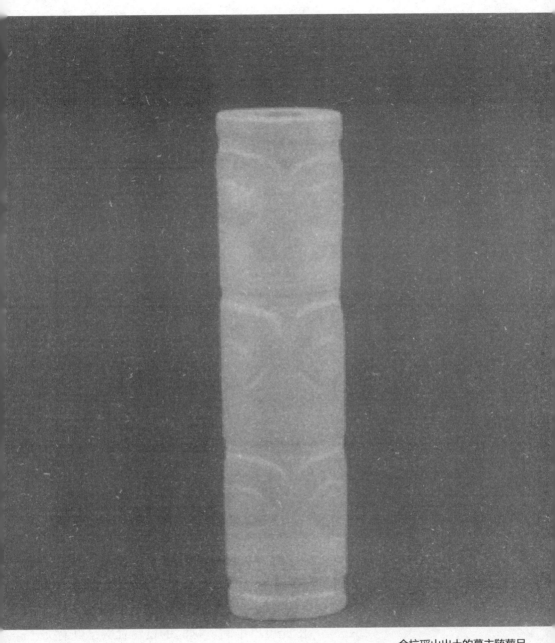

余杭瑶山出土的墓主随葬品

良渚文化博物馆展柜里
陈列的玉器

以今天的建筑技术，要堆筑一座人工的
山尚需时日，在几千年之前，良渚人又是花
费了多少的人力物力才能堆筑起这样的"山"
呢？由此可以推断，这时的良渚社会已经有
了强大而集中的权力。同时这些墓葬中都出
土了大量的精美玉器。我们有理由推测，这

些山是一处良渚人的"王陵"。而这些作为墓地的"山"东西长 40 米，南北宽 30 米，高 4 米，略呈馒头形状，人们便称这是中国式的"土筑金字塔"。

（六）中华第一城

2007 年 11 月 29 日，浙江良渚爆出重大消息：一座距今 5300—4800 年、面积 290 万平方米的古城城墙，在原良渚遗址区内被发现。其年代不晚于良渚文化晚期，具体的建筑年代则有待进一步考古确定。这座良渚古城的发现，有着像商都殷墟一样"石破天惊"的考古意义。它不仅将良渚文化的文明时期从"文明曙光初露"推向"成熟的史前文明"；更像一把金钥匙，开启了人们对一个当时势力遍及半个中国的"良渚古国"的大胆猜想。

到目前为止，中国已发现了六十多座新石器时代的古城，面积一般为 10 到 20 万平方米。其中大型古城仅两个：约 120 万平方米的湖北天门石家河古城，约 280 万平方米的山西陶寺古城。良渚古城打破了这个纪录：东西长 1500—1700 米，南北长 1800—1900 米，总面积达 290 多万平方

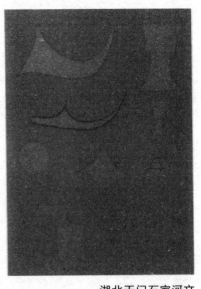

湖北天门石家河文化的印证

玉管

米，是目前所发现的中国新石器时代最大的城址。其面积折算下来比 400 个现代足球场还大，规模这样宏伟的古城，当年如何建造，如今又因何种机缘被发现？

根据介绍，让古城"初露端倪"的是考古人员在瓶窑葡萄畈遗址的发掘，而这一发掘完全是"无心插柳"之举。2006 年，为配合良渚遗址重点保护区域农民住宅外迁安置，当地政府打算在葡萄畈遗址高地西侧建农民房。因为良渚遗址的特殊重要性，在建房前，浙江省文物考古研究所先进场试掘，孰料先是发现了一条良渚时期的南北向河沟，这里铺垫的石块棱角分明，显然是人工开采搬运来的石头。从铺筑的方式看，散乱而表面不平整，不可能是某个建筑的地面，更像是地基。这一发现引起了考古人员的思考。后来向当地老乡打听时听说有人在家挖井时曾挖到过这样的石头。这说明这些石头的分布面可能是相当大的。当时认为有两种可能：一种是良渚文化时期人工修建的河堤遗迹，另一种是莫角山遗址的西城墙，因为这里正处于莫角山西侧约 200 米的平行位置。

以这一发现为基点，考古人员开始在莫角山四周延伸钻探，调查这种底部铺垫石头、石头基础以上用较纯净黄土堆筑为主要特征的遗迹的分布范围。

捷报频频传来。2007年4月，莫角山遗址西侧确认有约1000米的南北向类似遗迹；9月在莫角山北侧的河池头村发现东西向类似遗迹；10月在莫角山东侧找到南北向类似遗迹；11月莫角山南侧找到了东西向类似遗迹。至此，考古人员判断这是良渚文化时期围绕莫角山四周的古城墙。

从地图上看，良渚古城的格局十分清晰，略呈圆角长方形、正南北方向。更令人惊叹的是建城的位置充分利用了周围的

良渚古城复原图

良渚古城遗址

自然环境，明显是经过精心勘察与规划的。古城的南面和北面都是天目山脉的支脉，南北与山的距离大致相等，东苕溪和良渚溪分别由城的南北两侧向东流过，凤山和雉山两个自然小山，则分别被用来作为城墙西南角和东北角的制高点。据计算，古城墙在莫角山四周的田间绵延超过了6公里，但由于年代久远，许多地段已被破坏。保存较好的北城墙，高度约4米，靠外墙的石块明显比内墙的大，依稀可见当年非凡的气势。

考古学家认为，无论从时间、规模还是城墙的建筑方式以及城内已发现的高等级墓地与祭坛看，良渚古城都堪称"中华第一城"。

二、玉器世界

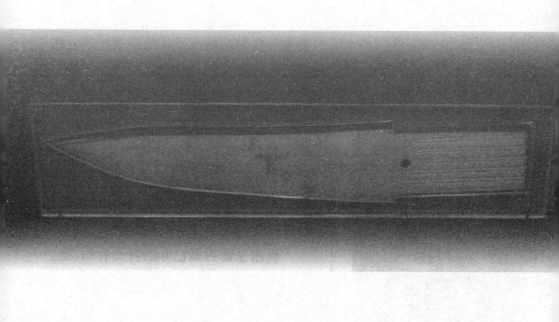

玉管

造型奇特的良渚古玉

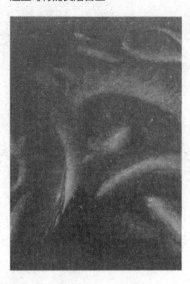

良渚文化的玉器

在人类最初的艺术发展史上，中国史前时代创造的玉器是光彩夺目的。新石器时代后期的良渚文化玉器是中国玉器史上最辉煌的典范，它和同时期红山文化、齐家文化、山东龙山文化出土的玉器一起，创造了一个玉器的时代。每当人们说到"良渚"，自然就会联想到良渚古玉。它以质地坚韧、年代古老、造型奇特、纹饰神秘而赢得了人们的青睐。

良渚玉器目前已知的种类有琮、璧、钺、璜、环、镯、矩、梳背、带钩、镰、匕、勺、镇、纺轮、三叉形器、锥形器、柱形器、半圆形器、月牙形器、圆牌、牌饰、钺端饰、钺尾饰、耘田器、杖端饰、端饰、器座、器纽、柄形器、弹形饰、条形饰、半瓣形饰、管、珠、坠、串饰、人、蛙、鸟、鱼、龟、蝉、镶嵌片等四十余种。下面就其要者简单加以介绍：

（一）黄琮礼地

良渚文化的典型特征是在遗址中发现了种类繁多、数量庞大的玉器，在诸多具有神秘色彩的良渚玉器中，玉琮可谓最引人注意的种类之一了。

目前为止，征集和发掘得到的良渚文化玉琮已有百余件之多。这些玉琮大致可分为两类。

第一类，形如扁体手揭，圆体，薄

良渚玉器种类繁多，已知的即达四十余种

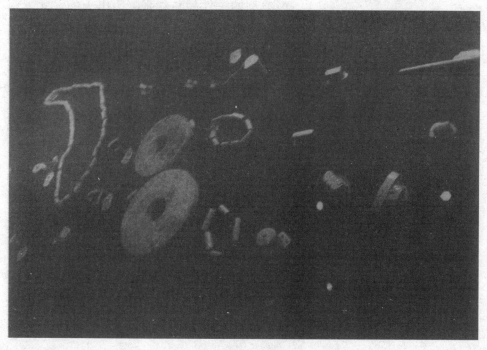

良渚玉器上刻有图案

壁，表面刻饰单圈或双圈目纹带獠牙的兽面文饰。这些兽面等距离排列，前后左右对称。最典型的一件是吴县张陵山出土的，此玉琮上怪兽双目圆睁，眉毛粗长，阔嘴獠牙，凶相毕露，给人以狰狞怪异之感。

第二类为外方内圆的方柱形。这类方柱形器物由于高矮宽窄不同，又可以分为宽短型和瘦高型。宽短型边宽体短，一般为一节或两节，刻饰四组或八组兽面纹，纹饰繁缛生动，如寺墩出土的兽面玉琮，高 7.2 厘米，直径 6.7—6.8 厘米，呈方筒形，分上下两节。两节上纹饰风格截然不同，上节简单明了：双线圆圈为目，目两端各加一短横线代表眼角，凸起方块为嘴，一张兽面就勾勒成型了；

下节纹饰则细腻繁密得多：重环阴线，扇形多重线、旋涡纹、凸起方块等相互套叠、勾连，形成一张怪异生动的兽面。这件玉琮造型优美，纹饰繁简有序，是目前所见的玉琮中最为精美的一个。

总的来说，玉琮多采用洁白的玉质，器表抛光，明如镜面。其剖面呈现出外方内圆的形状，立面四个转角有凸起棱面，分别刻出两层左右对称的浅浮雕兽面纹饰。此器雕琢精细，线条匀称，图案繁复，工艺精湛，可谓史前玉器的典型代表，表现出当时琢玉的高超技术。

对玉琮的具体功用和象征意义，目前说法不一，有学者就认为玉琮内圆外方的柱形体，正象征着我国古代"天圆地方"的思想，玉琮是将天地贯穿起来的一种法器，充当着与天对话的工具，使人神之间建立起特殊的关系，代表着神权。玉琮中空外实，方圆一体，并且有氏族图腾和四方神灵的形象附着其壁，典型地反映了原始先民天地浑一、万物有灵的思维特性。玉琮上的兽面纹饰则起到辟邪求福的作用，为人们驱邪除恶。

关于其起源，更是众说纷纭，有的认

良渚文化神兽面纹玉管

为源于土地经界和定居意识；有的认为是源于对日常用具的模仿和扩大，是织机上的部件；还有的认为是源于烟囱等等，但都没有令人十分信服的依据。大多数学者认为它是和某种神的崇拜有关的礼器。迄今发现的良渚玉琮最硕大者为余杭反山出土的"琮王"，其次是寺墩出土的玉琮，再次是瑶山出土的玉琮。这三件大玉琮分别出自良渚文化最重要的三处墓地，显示了墓主人特殊的身份和显赫的地位。

（二）苍璧礼天

玉璧是良渚玉器中单位面积最大的器种，由宽扁形玉环或玉镯沿着外径变大、孔

苍璧礼天

良渚文化的玉器

径变小的趋势演变而来，至良渚中期形成成熟的器型。与琮追求高度、忽略细节的演变趋势不同，璧从早期到晚期的嬗变体现出追求圆大和精致并重的趋势，显示出璧在良渚文化中的地位有一逐步提升的过程。良渚玉璧的出土数量远比琮多，而且墓葬内出土的璧常有精致与粗糙之分。反山出土玉璧 125 件，是璧出土数量最大的一宗。

有许多学者根据《周礼·大宗伯》中的"苍璧礼天"和郑玄注"璧圆象天"等史料，主张良渚玉璧是仿照天之圆形而制作的，是先民"天圆地方"等天体信仰、

良渚玉璧上的精致图案

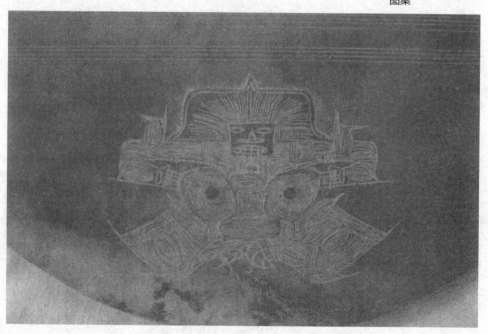

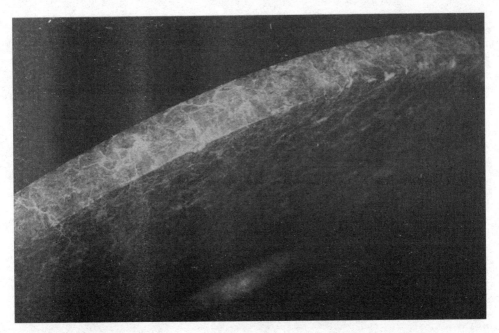

先民将玉璧用作祭祀天地的礼器

意识的产物，当时被用作祭祀天地的礼器；也有人说玉璧是先民太阳神灵观或日环食现象的反映；甚至有人以为璧体所以称作"肉"，实指食品中的"肉片"，而"好"字是"孔"字的误写，玉璧实际代表"大片肉"，它是先民"鬼神食玉"宗教观念的体现。

联系古代文献记载及商周考古发现资料，基本可以确认，良渚玉璧应是先民献祭神明的一种礼器。而反山、福泉山和武进寺墩等大墓中随葬玉璧的现象。尤其是寺墩3号墓中所见的良渚文化玉殓葬实例，则证明玉璧又是一种用来验尸防腐的法器。此外，根据反山墓地有的墓中随葬玉璧达四五十

研究表明，玉璧是一种可
用来验尸防腐的法器

玉饰品

良渚玉璧应该是财富的象征

良渚文化的玉器

玉钺

件，且加工较粗糙，大多集中叠放在死者的腿脚部位；寺墩 3 号墓随葬着被有意打破成数块的玉璧这两个实例，并结合玉璧的外形又正好与西周出现的团体圆孔无廓的铜质圆钱相同等迹象来看，良渚玉璧还应是财富的象征，可能是一种原始的货币。

三、玉钺威严

玉钺，指的是一种弧形、器身扁薄、外壳形状如"风"字的斧形器。少数上端（安柄部位）两侧稍下凹，形成双肩状。中部偏上之处大多两面对钻一圆孔，以便于用绳索或藤条捆绑固定在木柄之上。它由穿孔石斧发展而来，良渚时代十分盛行。良渚文化中的钺有石质和玉质两种，刃部大

良渚神徽纹玉钺

多不见使用痕迹，说明它虽有等级之分，但多数并不是实用器。

玉钺大多出自级别较高的良渚大墓中，一般是每座一件。至于石钺，则每墓随葬数目较多，余杭横山2号墓中随葬的石钺竟然多达132件。凡出土有玉钺的墓，其随葬品往往较为丰富，看来墓葬主人应是氏族显贵。最能体现玉钺的尊贵与神圣的，当首推反山和瑶山大墓所出土的精美玉钺。反山14号墓中出土的玉钺，是由钺和木柄及柄上端的玉冠饰与下端的玉端饰构成，全长约70厘米，柄上还饰有朱彩和镶嵌有小玉粒。最为令人惊讶的是反山2号墓出土的号称"玉钺王"的国宝级玉钺，此钺器两面的上刃角部位精雕细刻着神徽图像，下刃角则雕琢了良渚先民顶礼膜拜的神鸟。在"巫政合一""王权神授"的良渚时代，有如此精美绝伦既刻神徽又刻神鸟的玉钺和号称"玉琮王"的玉琮等大量精美随葬品随葬的墓主人，肯定是一位集王权、军权和神权于一身的显赫人物，玉钺显然是神圣的权杖标志。

（四）璜礼北方

玉璜是一种弧形片状玉器。璜是我国古

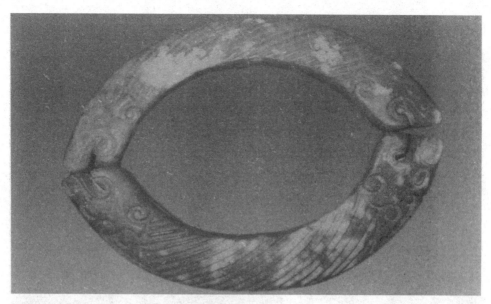

璜是我国古老的玉器之一

老的玉器形制之一,《说文解字》称:"乍璧为璜。"实际上古代的玉璜并不仅限于完整的半璧(半圆)形。"璜"被作为礼器,《周礼·春官·大宗伯》载:"以玄璜礼北方。""璜"的起源,有一种传说是古人观察长虹挂在天间两头饮水,以为是神,便摹其形而做。

据早期出土资料显示,早在距今7000年的新石器早期浙江余姚河姆渡文化中就有了玉璜。新石器中期长江流域良渚文化开始普遍制造和使用璜,这一时期玉璜被人们用作佩于胸前的装饰品,并往往是组玉佩饰中的佩件,其形制多不规则,变化非常大。资料表明,各个时代的玉璜除具

良渚玉璜

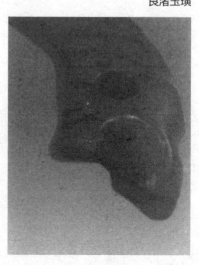

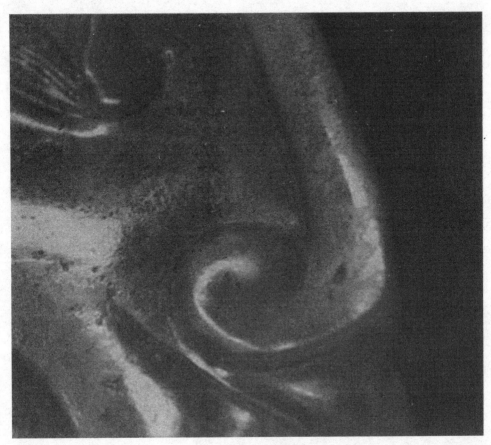

玉璜局部

有圆弧形的特征外，只有少数是规整的半璧形。

　　良渚的玉璜多为半璧，故有破璧为璜之说。良渚时期考古迹象显示，璜的组佩方式和佩挂形式都较以往有了明显的改变，跟管、珠等组佩件玉器共同穿系连缀成组玉佩的现象已相当普遍，而一座墓葬中多璜共出的现象跟后世多璜组玉佩间的关系也值得思考。从新石器时代到夏、商、周、春秋，玉璜表面的装饰由简单变得繁褥复杂。春秋玉璜多有密集的卧蚕纹，纹饰复杂，种类却很单一。至战国时期因为工具的改良，从春秋单一的纹饰中繁衍出蒲纹、谷纹、云纹等纹饰，也有了出廓的装饰手法，从单一的半圆形或桥形变成了双龙首、双凤首，变得异常美观、富丽堂皇，也由端庄肃穆的祭祀用品，转化为装饰用品，在纹饰装饰手法与鉴别手法上和玉璧的手法几乎一致。

良渚文化的玉璜，一般为制作规范的半璧形，在许多玉璜上也雕琢或镂刻有神徽图案，表明这一玉器从崧泽文化的主要装饰和显示身份功能，而统一纳入了以神

玉璜多为半璧，故有破璧为璜之说

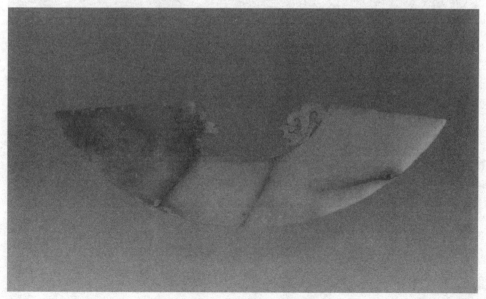

人兽面崇拜主题为核心的玉礼器系统之中。后世的形式与功用经此而发扬。

（五）王者之冠

在良渚文化的玉器群中，有一种三叉形冠饰，日前经考古发掘出土的，浙江余杭反山遗址出土5件，瑶山遗址出土7件。均出自墓葬死者头部位置，每墓一件。由于仅在良渚文化分布中心地区的大型墓葬中有少量出土，因而越发显得稀有而珍贵，是良渚社会上层权贵们所专用的礼器之一。

三叉形玉器是良渚文化玉器中造型最为

三叉形玉器是良渚社会上层权贵专用的礼器

玉面图案似鸟儿
展翅

独特的器物，其基本形制为：下端圆弧，
上端为对称的方柱体平头三叉，三叉顶齐
平或中叉较短。宽5.9—6.0厘米、高3.4—5.2
厘米。正面平整，主要依背面的差别还可
细分作二式，一式为正、背面均平整，中
叉有一竖直透孔贯通上下，有的还在透孔
下口的两侧各钻一深圆窝；另一式，在背
面三叉的上端和圆弧边的下端部位，共有
4个方形凸块，凸块上皆钻上下贯通的圆
孔。有些是素面无纹，多数是在正面以线
刻或浮雕琢出神人、兽面图案或辅以神鸟。
出土时中叉的上方紧连一根长玉管，往往
还有成组的3—13件玉锥形器同三叉形冠

三叉形玉器可以说是皇
冠的雏形

饰相邻或叠压。一般认为，三叉形冠饰、长
玉管和集束状的锥形器，当配套组装成整件
使用。这种冠式又隐含了什么样的内涵呢？

据学者研究，良渚文化的三叉形冠饰及
其附件与"皇"义相对照，可说是中国最初
的皇冠。三叉形冠饰及有关附饰，加上别的
有机质部件，便是构成这种史前皇冠内层的
主要支架。良渚文化一些玉器上"神人"所
戴高耸宽大的所谓羽冠。可能同皇冠的外形
近似，或者就是图案化了的皇冠简笔形式。
国外也有类似的冠冕存在。如果把羽冠之名
作为一种通称、俗称，那么，皇冠之名才是
我国古代原有的最早的称谓。

结合考古发现，在反山、瑶山高土台的权贵墓地戴皇冠的墓主，据推测可能属于大小首领一类的统治者。古代阶级社会初期，政治首长、军事统领和群巫之长往往可由一人兼任。良渚中期以后的首领，大体也是集行政领导、军事指挥和主持宗教活动之权于一身。简言之，良渚文化中期偏早阶段出现的玉三叉形冠饰及其有关配件附饰，当系各级统治者顶戴的皇冠，它或许已成为统治集团专用的礼仪性冠饰了。

（六）奇形别具

良渚玉器中，还有许多形状各异、功能奇特的玉器：

兽面纹玉三叉形玉器

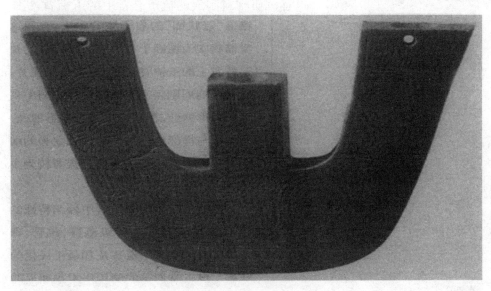

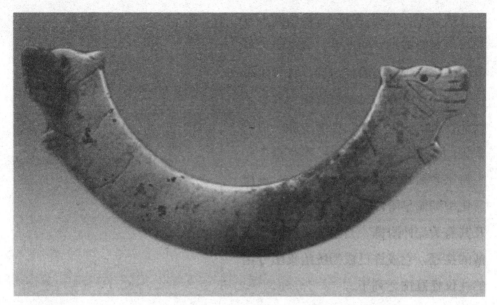

冠状饰玉器

冠状饰：反山发掘时因其造型跟"神徽"像中神人的羽冠较为相似,命名为"冠状饰"。但1999年周家浜三十号墓中镶嵌"冠状饰"的象牙梳的出土，表明这类器物实为镶嵌于有机质材料制成的梳子脊背上的玉梳背,因而更名为玉梳背。玉梳背的形制经历了顶端由平直到中央有圆弧形凹凸，再到中央有弓字形凹凸、两侧边与榫部整体呈节节内收之势的演变过程。不过琢刻纹饰的玉梳背较为少见。

锥形器：是良渚玉器中较为特殊的一类，见于大中小各等级墓葬、跟管、珠一样是良渚玉器中最普及和最平民化的器类。但玉锥形器的使用仍有很明显的等级烙印，如琢纹或集束状的锥形器都只见于等级身份较高的显贵者墓葬。锥形器分横截面圆形与方形两种形制，其中方形锥形器最初由于琢纹的需要从圆形变异而来，良渚早中期的方形锥形器都琢刻有纹饰。晚期方形锥形器大为流行，数量不逊于圆形器，晚期末段最常见底榫部没有钻眼的锥形器。琢纹锥形器晚期的形制和纹饰不及早中期规范。

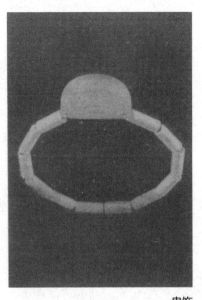

串饰

串饰：除了由璜跟管、珠等共同穿系连缀的佩饰外，良渚时期更多见由数量不等的珠、管直接组串形成的串饰和由管、珠、坠等组佩件玉器组串而成的串饰，这些串饰主要作为人体某一部位的装饰性佩挂饰。从出土位置看，复合璜的串饰主要佩挂在颈部作为胸饰；复合玉坠的串饰有佩挂于颈部作胸饰的，也见佩戴在腕部作手饰的；而单纯由珠、管组串而成的串饰既见胸饰又见手饰，还见缠戴在腿部的链饰。

圆牌：是组佩件玉器中较特殊的一类，器型常呈环或玦状。玦到良渚时期形制与功能都有所分化，除作耳饰使用的单体件玦外，还有一类在与玦口相对一侧钻琢小孔的蚯状牌饰，常跟环状圆牌等组串成佩挂饰。瑶山一号墓与反山二十二号墓玉圆牌出土时都呈近垂直的一线，出土部位在腹部，说明这种由多件玉圆牌组成的组玉佩的复合与佩挂方式并不局限于圆圈的形式。

穿缀件玉器：专指以穿绳引线缝纫、连缀为主要方法来跟其他器件复合成器的玉器件，它最基本的形体特征是平直或凹弧的粗糙底面上有牛鼻形隧孔。在穿缀件玉器中，半圆形器、月牙形饰、半瓣形饰、半球形或球形珠等多成组出土，而牌饰、鸟、龟、蝉等多单件出土。

镶嵌件玉器：专指那些跟其他对象在平面上采用镶嵌形式完成复合的、以片状为形体特征的玉粒与玉片。与穿缀件玉器复合的

良渚时期，人们逐渐掌握了连缀、镶嵌等技术

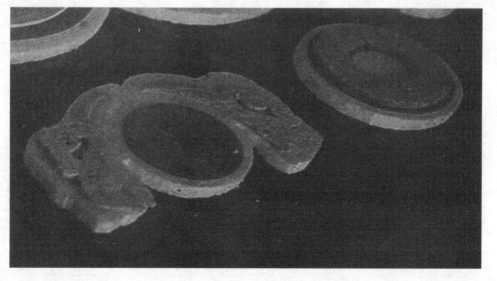

良渚文化的玉器

玉戈

对象主要是皮革帛缯类的软性有机质物件不同，镶嵌件玉器复合的对象主要是木、骨、牙等硬性有机质物件。良渚时期，后世玉器镶嵌工艺中流行的玉漆镶嵌、玉与象牙或骨器的镶嵌、玉石互嵌等技术都已出现，镶嵌技法主要有平面粘贴和凹窝粘嵌两种。

限于篇幅，对钜、镯、勺、匕等其他单体件玉器就不再详细介绍了，其中瑶山十一号墓绞丝纹镯、瑶山十二号墓刻纹勺和玉匕都是同类玉器中仅见的佼佼者。

三、玉器文明

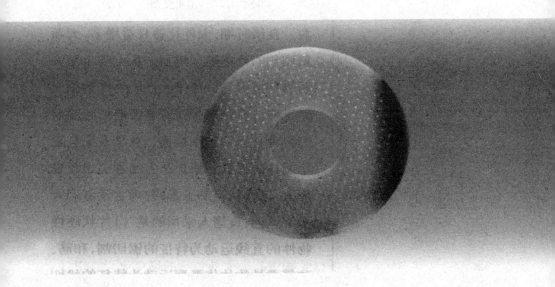

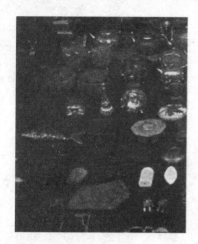

良渚玉器的加工方法至今仍是一个谜

（一）鬼斧神工

软玉比普通石料坚硬得多，加工相当困难。先民将加工石器的丰富经验运用于玉石，发展为一整套加工方法。良渚时期治玉的工艺，大致有切割、打样、钻孔、琢纹、研磨、抛光等工序，已经具备了后世玉器加工的所有技法。

玉器加工，首先要将大块玉料切割成毛坯。仰韶文化早期的玉器上就有条锯切割的痕迹，方法是用单股或数股植物纤维或动物的皮筋带动解玉砂，分别从坯体两侧向中间切割，快接近时再敲落玉料。切割的沟槽较宽，有5毫米左右。良渚时期，大件礼器日益增多，大面积切割的难度随之增加。从大型玉璧表面的切痕可知，良渚人已能熟练解剖大件玉料。有些器表残留有弧形的线割痕迹或者直线的锯割痕迹。良渚人究竟是用怎样的工具、用什么方法加工出数量庞大、制作精美的玉器的？考古学者们大多都认为，良渚人采用的是"以片状硬性物件的直线运动为特征的锯切割，和筋、弦等柔性物体作弧形运动为特征的线切割"的方法。有学者根据某些玉器表面的弧形的切割痕，判定良渚人已经采用金属钝具切割玉料。但是良渚

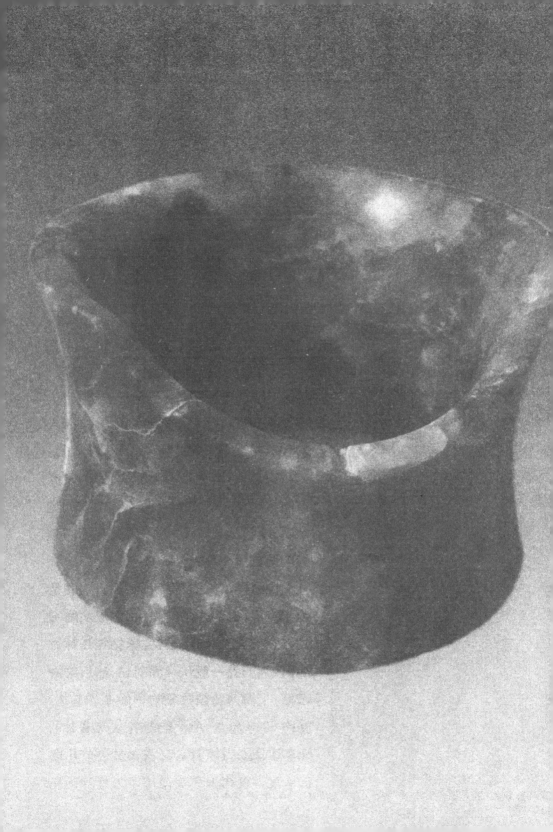

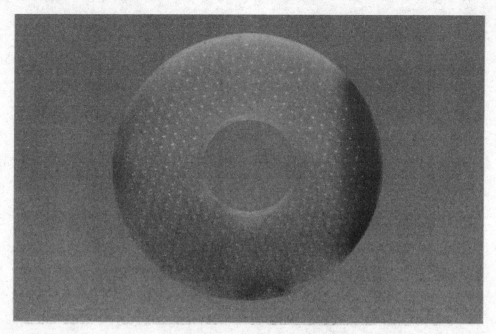

良渚玉璧

文化遗址至今没有发现金属。还有学者认为，良渚人的钝具可能是用硬度较高的石料做的。仿真实验表明，这是不可能的。因为硬度高的材料必然脆性大，为了防止钝具脆裂，必须增加其厚度，而玉器上弧形切割的沟槽宽仅 1—2 毫米。

许多良渚玉器都经过钻孔，这既是为了实用，也是为了美观。由出土实物可知，钻子有管钻和实心钻、琢钻等几种。较大的孔一般从两面对钻，然后敲去芯部。上海博物馆收藏的一件多节玉琮、高约 32.9 厘米，中间的长孔从两端对钻而基本同心，技巧惊人。玉器的硬度达摩氏 6 度，良渚人究竟使用了

怎样的钻孔工具，至今无法解释。

许多良渚玉器都经
过钻孔

（二）精雕细琢

良渚文化的琮、璜、锚、冠状器、牌饰等玉器的表面，大多有用阴线或阳线刻画的图案。阴线是指用单线条勾勒纹样，线条凹入器表；阳线是用双钩的方法使纹样的线条凸现。良渚玉器纹样的线条或竖挺刚劲，或圆滑流畅，可见良渚人使用的是一种游刃有余的雕刻工具。可是，在新石器时代，他们又能有什么样的利器呢？这是中外学术界长期争论的热点。1980年初，江苏丹徒磨盘墩遗址和新沂花厅遗址

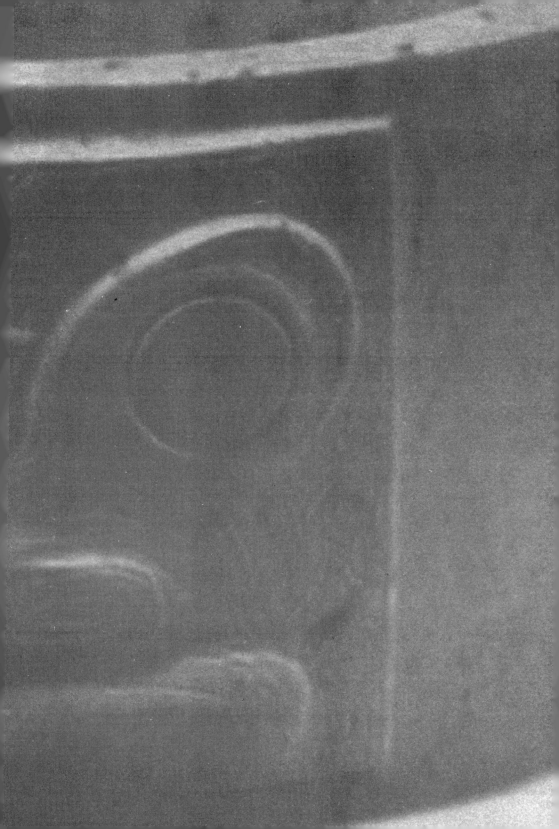

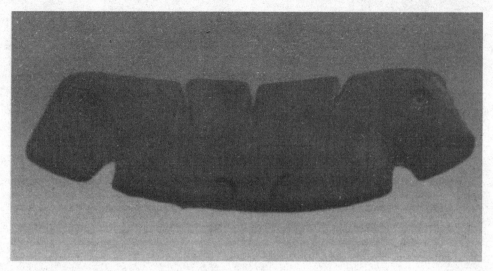

先人用什么工具在玉器上雕琢，仍无定论

先后出土过一些石英质料的小工具，器端尖锐，硬度超过摩氏7度。有学者认为，这类高硬度燧石工具，应当就是良渚人的琢纹工具。但是，有人用玛瑙料作工具在软玉上试刻，硬度虽可，但效果很差。因为玛瑙料的尖锋太长就容易崩断，过钝又无法刻画。日本学者认为，良渚人的工具有可能是硬度极高的天然钻石。但是，良渚玉器上的刻划线条比较纤细，显然不是用天然钻石刻画的，而且良渚遗址中至今没有出土过钻石，故此说也不能成立。

良渚的一座大墓中曾发现过一枚宽约1.4厘米的鲨鱼牙齿，呈等腰三角形，边缘带有细齿。瑶山七号墓曾出土四枚鲨鱼牙齿，上海福泉山等遗址也有相同的发现。鲨鱼牙的珐琅质硬度超过软玉。有学者用鳖鱼小齿在软玉上刻画，划痕纤细清晰，证明有足够的刻玉硬度，推测就是良渚人的工具。但也有完全相反的实验结论。因此，鳖鱼齿是否就是良渚人的琢纹工具，学界有很大争议。

良渚玉琮上的兽面纹，是用浅浮雕的技法雕琢的。所谓浅浮雕，就是用减地法磨去纹样周围的底子，使纹样浮凸于器表。凡是浮雕程度比较高，纹样呈半立体状的，称为半圆雕。半圆雕作品富于质感，有很强的表现力。凡是立体雕琢成形的作品称为圆雕，良渚文化的双面玉人以及许多动物雕塑都是圆雕作品。

良渚玉琮上的兽面纹

冠状饰玉饰

良渚出土的玉牌饰，多采用透雕的技法。透雕又叫镂空，是一种将琢子与线锯切割结合的复合式技法，有相当的难度。反山出土的两件玉冠状饰，运用了透雕和阴线细刻相结合的手法，玲珑剔透，器身布图繁绣，线条婉曲多变，但疏密得当，反映出很高的审美意识，是玉器中的珍品。透雕作品在良渚屡见不鲜，可见其时已经普遍掌握高难度玉雕技术。

良渚玉器中还出现了类似微雕的技法。镇江地区出土的一件良渚文化玉器上，兽面眼睛的直径与圆珠笔的笔芯相当，用放大镜观察，竟然是用16根切线组成的。反山的一件玉琮上，神人兽面纹饰构图繁密、细腻，线条之间密不容针，竟至能在1毫米的宽度内，刻入四五根细线。汇观山的一件琮式锅，在宽仅3.5毫米的弦纹凸棱上，刻有14条凹弦纹，用高倍放大镜才能分清线条之间的界限，真是匪夷所

玉牌饰多采用透雕的技法

思。反山出土玉器上琢刻的神人与兽面复合的"神徽"，高约 3 厘米，宽约 4 厘米，方寸之地，纹饰繁复，线条纤若游丝。在不知放大镜为何物的良渚时代，先民们究竟使用了什么样的"秘密武器"尚不得而知。

研磨是玉器加工的重要环节，方法是用解玉砂磨削器表，使之平滑光洁。武进寺墩良渚文化墓葬出土的一件玉璧，表面有硬度很高的石英、黑云母砂粒，可能就是研磨时的残留物。良渚晚期玉璧直径多在 20 厘米以上，但厚薄均匀，器表光洁，可见研磨水平之高超。反山的一件玉环上有同心圆旋纹，纹线浅细，有学者认为，这可能是借用了制

研磨是玉器加工的重要环节

陶工艺中的转轮装置加工的结果，方法是
将玉器固定在转轮上快速转动，再在器表
加上解玉砂进行研磨。

　　良渚玉器大多经过"抛光"处理，也
就是为玉器上光，所以光洁度很高，埋藏
数千年，依然润泽光亮。有学者根据云南
腾冲县的民族学材料，认为原始的抛光方
法是，将粗竹剖为两半，一半覆盖于地，
将玉器在竹皮上反复摩擦，直至出现光泽。

　　（三）纹饰风采

　　纹样刻画细致繁密是良渚玉器的一个
重要特征。但是从现有资料来看，纹样的

良渚玉器大多经过"抛
光"，所以光洁度很高

种类比较单纯，大致可分为主题纹样和装饰纹样两类。主题纹样有神人兽面纹和鸟纹两种，而以神人兽面纹最为多见和重要。装饰纹样有卷云纹、地纹，以及与直线、弦纹、斜线等组合而成的饰带。

神人兽面纹，是良渚文化玉器中最常见和最重要的纹样，不仅是识别良渚文化玉琮的标志，而且在许多玉器如锥形器、三叉形器、冠形器和玉锚之上都有大量发现。样式有繁密的形象神人兽面纹和简练的象征神人兽面纹两种。兽面纹构成了良渚文化玉琮的核心因素。

瘦高形玉琮一般是按照等距离减地成槽

神人兽面纹

划分为节，现存的最大的一件，高 40 厘米，节数多到十五个。这种琮以节为单位，每节均依边棱为中心线刻四组兽面纹。这种兽面纹多简单明了，一般都是象征性的，其目纹几乎都是单线圆圈。由于节数不同，琮体兽面纹也不同，最多一件琮身上的兽面纹达到六十组。

在琮体四面分别琢出一组神人兽面纹，即良渚先民崇拜的神像

"玉琮王"

余杭反山良渚文化墓地第 12 号墓出土的一件宽短型玉琮，具有"琮王"之称。该"琮王"高 8.8 厘米，直径 17.1—17.6 厘米。琮表面以转角处为中心线，运用线刻和浅浮雕手法勾勒出八组兽面纹，每两组兽面之间的空白处，又琢出八组神人兽面图案。这种神人兽面图案组合得非常奇特：弓形大冠下是一张上大下小、呈倒梯形的人脸，重环目，蒜头鼻，鼻翼外展，几乎与嘴同宽。宽大的嘴中，两排牙齿整齐相对，显得有些吓人。冠与人面交接处云雷纹环面而绕，冠内线纹条条张扬，更增加了人的凶相。人双臂内屈，双手抵在其身下怪兽的巨大眼眶上，双足并垂在兽的下颌部，整体呈骑在兽身上的样子。怪兽突出夸张的脸上，双目圆睁，龇牙咧嘴，一副恫吓人的怪异神态。

在一些神秘图案中，伏兽者的头部和兽的面部用浅浮雕处理，突出于器表，人的双臂和兽的下颌则用阴线细刻处理，凹入器表。层次相当分明。人脸呈倒梯形，用重圆表示眼，宽鼻，阔口，露齿，表情威严。羽冠由二十二组呈放射状的羽毛组成。伏兽者的双手内屈，作按压兽头状。兽面有巨目，两眼之间用微凸的短桥连接，宽鼻，阔口，獠牙外撇。兽肢作蹲踞状，有鸟足形利爪。人臂、兽肢密布卷云纹。

"玉琮王"

良渚玉器

　　总括起来，良渚文化玉琮上的兽面纹大
体有三种形象：即浮雕的羽冠、兽面与明线
细刻、四肢俱全的人神形象结合的整体图案；
眼鼻口俱全的极尽雕饰的面部图案和仅以小
圆圈表示眼睛，以凸起的小横条表示嘴或鼻
子的简化的象征图案。考古学者把这些图案
称为兽面纹或饕餮纹。

　　（四）奇思妙想

　　从良渚文化玉器看，匠师有着很强的构
图能力，兽面纹玉琮堪称典范。琮的样式为
外方内圆，构成方圆相切的风格。兽面纹玉

琮有四组兽面图案，通常会将兽面分别安排在方形玉琮的四个正面上。良渚匠师不落俗套，大胆地将作为兽面中心的兽鼻安排在四角的棱边上，突出角隅的形式感。兽面向棱边两侧对称雕刻，用重圆表示眼睛，两眼之间用桥形浅浮雕连接，吻部设计为长方形突起，从而使画面新奇活泼，毫无呆板沉滞之气。

尤其令人惊叹的是，匠师还将本应突起的兽鼻设计成弧形的凹陷，不仅使兽的表情更为生动，而且在受光时还会显现出独特的效果，可谓大手笔之作。对于条形的玉料，匠师往往设计成多节琮，如寺墩出土的一件玉琮，高约33厘米，分为15节，

良渚玉琮

良渚玉璧

中间的竖槽贯通上下，造成宏通的气势。在横带的区隔下，兽面的主图与副图交替出现，给人以鲜明的韵律感。这一超水平的构图法给中国古代艺术以深远影响，殷代青铜器上的接替纹就是按照它的模式设计的。良渚玉器的设计充满求新求变的气息，即使是同一器种，也务必避免雷同，少有抄袭之作。

即使与今天的制玉工艺相比，良渚文化的玉器也处处闪耀着骄人的光辉。在 4000

良渚文化的玉器

良渚时期十分盛行玉钺

多年前，如此精美绝伦的杰作是如何制作
的呢？现代人无法想象，也无法回答。以
至有人断言，这一定是外星人留在太湖地
区的作品。

（五）神秘之徽

在良渚发掘出来的玉器中，不论是良
渚玉琮、玉璧还是玉璜，面上都雕有一个
画面简略、抽象、不知所以然的兽面纹。

起初人们对这个图案并没有在意，但它反复出现在不同地点出土的不同玉器表面，引起了考古专家的关注。所谓兽面纹实际上是一位头带羽冠者骑伏猛兽的图像。由于这一图像内涵深奥、神秘，一般刻画在重要器物上，而且这类器物都出土于大墓中，所以学者将其称为"神徽"。解读"神徽"，对于研究良渚的社会性质和精神世界都有重要价值，所以备受海内外学者重视。

有些海外学者认为，中国古代文明是萨满式文明，世界被划分成天地人神诸多层次，宗教人物的任务就是沟通不同的层次。玉琮

玉钺大多出自级别较高的良渚大墓中

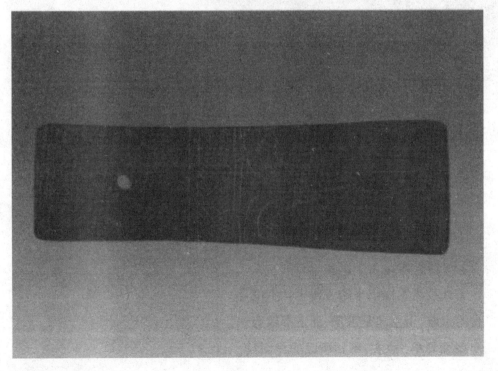

良渚文化的玉器

玉琮外方内圆，表示天
圆地方之意

外方内圆，代表天圆地方，从中贯通，象
征天地间的贯穿，中间所穿的棍子，便是
天地柱。神徽所表现的，正是巫师与其动
物助理的形象，故可称为"人兽符号"或"巫
符号"。龙山文化时期用玉琮作法器，正
是政权开始集中的重要阶段，良渚大墓拥
有大量玉琮便是明证。玉琮是巫师沟通天
地的法器，兽面似虎形，在中国巫术中白

做工精美、细线阴刻的玉琮

虎是巫师沟通天地的助手。

国内有学者认为，玉琮是用于祭祀的礼器，墓主是掌握祭祀天地大权的军事首领。猛兽实际上就是老虎，说明良渚人信仰老虎。据葛洪《抱朴子》记载，"骑虎"可以"周游天下，不拘山河"。因此，神徽的含义，应该是巫师骑上张口嘘气、举腿伸爪的老虎，作法迅驰，上天周游，与神仙往来，以通达天机。神像通体遍饰的不同表现方式的卷云纹等刻纹，表示云朵和云层，有升天通神的含义。

日本学者则认为，玉琮是宗庙祭招时祖先的灵魂降临时的凭依之物，也就是中国古代宗庙祭祀用的"主"。玉琮中间的圆孔是

裂纹横阵的玉璧

灵魂驻留的小屋。祖灵之降，可上可下，所以中间上下贯通。玉琮上带蛋形眼的脸是太阳神的原形，能保护死者的灵魂，加福生人。

有些学者认为，良渚文化玉璧、玉琮的孔径多在4—8厘米之间，推测巫师作法时，将玉璧平放在玉琮上，然后用木棍贯穿圆璧和方琮的中孔，组合成一套通天地的法器。也有人把"神徽"称为"神祖动物面复合像"，认为在古人的观念中，神祇、祖先、动物三者为一体，而且可以转化。其中的动物是巫师的助手，既是神的使者，也是氏族生命的来源。

还有学者指出，"神徽"的图案不仅

玉璧上的纹饰或许和当时的巫术有某种联系

玉琮上有，在象征权力的玉钺上，以及贵族使用的锥形器、项饰的玉璜、穿缀用的玉牌饰等器物上都有这种纹饰，而且造型一致，表明它并非只是巫师沟通天地的白虎，有可能是只有首领权贵才能掌握与代表的族徽。

良渚"神徽"的确切含义是什么？目前还没有一致的结论，还需要继续作深入的研究。

（六）通天之途

良渚玉器主要出土于显贵者的墓穴，其中琢纹玉器更仅见于其中。死后将大量与神灵崇拜有密切关系的玉器带入墓内，突显出显贵者与所崇拜的神灵间实际上存在着密切关系。瑶山、汇观山祭坛与显贵者墓地合二为一的事实则反映出祭鬼（祖）也已成为良渚祭坛上不可或缺的重要内容。因此，良渚时期巫、神、鬼（祖）三者之间事实上存在着三位一体、互为感应的互补关系，而联系三者的纽带就是人神共享的祭品——玉礼器。

所以，我们可以相信，在巫术活动较为盛行的史前社会，"以玉事神"应当是良渚宗教活动中必不可少的重要内容。玉琮作为

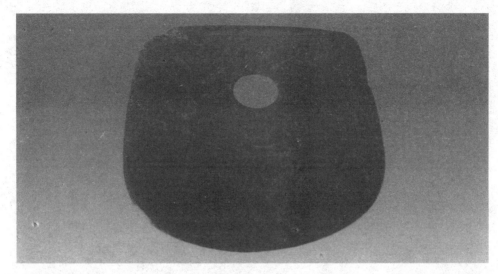

玉钺是神圣的权杖
标志

跟神人兽面纹饰关系最紧密的器类，其内圆外方的造型反映着"天圆地方"的原始宇宙观，是天地贯通的象征，也是贯通天地的一项手段或法器；玉璧苍碧的质料、浑圆的造型及其与原始"盖天说"间的联系，也表明后世"苍璧礼天"的记载绝不是向壁虚构；玉钺一向被视为军权与王权的象征，但反山十二号墓玉钺器身两面都雕琢着凌驾于飞鸟之上的神人兽面图像，从而成为"国之大事，在祀与戎"和"权力神授"的最有力佐证。因此以琮、璧、钺为代表的良渚玉器不仅是神灵崇拜的主要载体，而且极可能还是巫觋通天礼神的法器或媒介，是"人神合一，天人感应"东方理念的外在表现。

四、良渚文明

良渚古城东墙基遗址

（一）庞大的聚落

从 1959 年 12 月"良渚文化"在考古学界确立之后，考古工作者受到了很大的鼓舞，迸发出极大的考古热情，于是各种遗迹、遗物不断重见天日，资料日益丰富，大大地扩展了人们的视野，研究工作也日益深入，硕果累累。

自 20 世纪 80 年代以来，浙江省文物考古研究所对良渚周围地区进行了详细的普查性野外调查，先后试掘和发掘了吴家埠、荀山东坡、反山、瑶山、庙前、罗村、钵衣山、茅底里、汇观山、葛家村、梅园里、金鸡山等遗址，直至近年确认莫角山遗址这个在良渚周围地区中营建规模最大、规格最高的超巨型基址。由此进一步确知，良渚周围地区存在着一系列良渚文化遗址，我们将其称作良渚遗址群。良渚遗址群地理位置处于浙西山地与浙江东部平原的交接地带。浙西北的西天目山余脉向东伸展至余杭彭公分成南北两支，犹如伸开的双臂扼住了余杭市的良渚、瓶窑、安溪三镇，良渚遗址群则分布在两支余脉之间东西长约8公里、南北宽约4公里的狭长水网平原地区。吴家埠遗址向东沿安溪天目山余脉至羊尾巴山为其北界，其间各类良渚文化遗址墓地达50余处。经测绘部门精心测算，

瑶山遗址

良渚遗址群保护面积近 34 平方公里。

上面所说仅仅是在良渚镇周围发现的遗址群。而作为考古学意义上的新石器时代的良渚文化，其内涵和分布就广阔得多了。现已查明：新石器时代晚期的良渚文化，其遗址主要分布在浙江北部的杭嘉湖平原、浙东的宁绍平原至舟山群岛，以及江苏南部的常州、无锡至苏州和上海地区一带，大致是以太湖流域为中心。而其文化影响北抵山东、河南，东达朝鲜半岛和日本，西至两湖，南及闽、粤、台。

（二）玉器时代

如果把中国新石器时代和三代文化发展画成一条直线，那么，这条直线则可分成石、玉、铜、铁四个阶段，并与袁康《越绝书》所记风胡子的古史分期法暗合。风胡子所分"以石为兵""以玉为兵"、"以铜为兵"和"以铁为兵"之时，大致相当于传统历史中的三皇、五帝、三代和东周四个阶段，比较扼要地将中国古代文明演进的经过与变质变化——王权政治的发展描述出来了。而其中，"以玉为兵"历史阶段的划分，颇有历史现实意义，并为新发现的以玉琮为代表的

良渚玉器

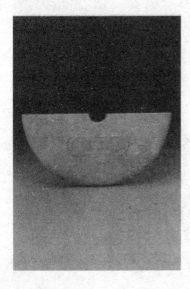

良渚文化的玉器

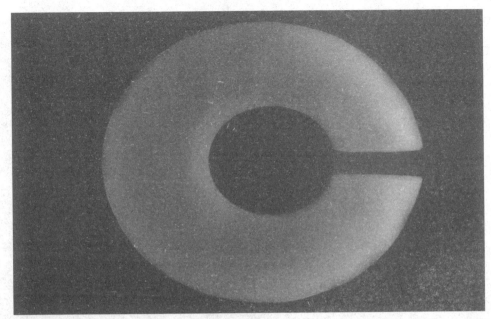

良渚玉器

玉制礼器所证实。西方考古学将历史分成石器时代、青铜时代和铁器时代，其中，石器时代代表原始社会末期阶段，而青铜时代代表王权政治确立、产生国家、城市、文明阶段。但如果用这个历史一般分期法去衡量中国历史，其间缺少一个中间环节，即阶级产生、巫术与王权开始结合的"玉器时代"。这样看来，风胡子的分期法更合乎本土的实际状况。因为，所谓的"玉器时代"在中国社会历史上正好代表了从石器时代到青铜时代的渐变过程，或者说是从野蛮到文明时代的渐变过程。这种过程与西方不同，是中国社会历史的自身特

余杭灯笼山遗址发现的
良渚玉器

良渚文化的玉器

点，而以良渚玉琮为代表的玉制礼器就是最
有说服力的实物证据。

　　经过长期的寻找，目前已发现良渚文化
遗址 200 多处。良渚文化遗址中，玉器是最
重要的文化内涵，几乎达到无墓不出玉的程
度，这在史前考古中是绝无仅有的。出土的
玉器中，礼器、兵器、佩饰、工具、弄玉、
葬玉等应有尽有。器型则有璧、琮、璜、锚、锡、

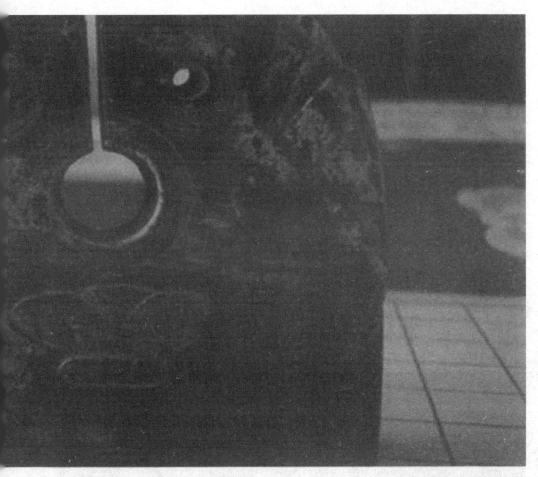

良渚玉器——神面纹玉块

管、珠、坠、冠状饰、牌饰等几十种，以及各种动物形玉器。余杭吴家埠遗址的良渚文化早期墓中，发现了珠、管、璧、联等构成的佩饰。常州寺墩遗址 3 号墓，用 33 件兽面纹玉琮围绕墓主。

瑶山墓地位于一座小山上，面积约 400 平方米，也是由人工堆筑而成，长方形祭台之南有 12 座墓，分作南北两排，仅五管、玉珠串饰就出土46组。玉珠有鼓形、球形等等的不同,最多的一组多达201件。此外还有形态各异的各种坠饰,背后多有穿孔,或做成鸟、鱼、龟、蝉等动物形状,据推测可能是挂在衣帽上的饰物,或者就是弄玉。南排居中的12号墓规格最高,出土玉器近400件。

反山墓地中,12号墓的规格最高,其中出土的一件玉钺,刃部两面的上方都有一浅浮雕"神徽",与15、16号墓的玉冠状饰类同;下方则有一浅浮雕鸟形图案,以抽象的笔法,寥寥数笔勾勒一鸟,神态逼真,可见善于捕

古良渚玉器文明

良渚文化的玉器

余杭汇观山遗址出土
的良渚玉璧

捉神韵的匠心。

　　汇观山墓地也是在山丘上堆筑而成，面积近 1600 平方米，中部有长方形砂石祭台，4 号墓长 4.75 米，宽 2.6 米，棺椁齐全，为目前所见最大的良渚文化墓葬，随葬品多达 250 余件，仅钺就有 48 件。

　　良渚文化展示了史前时期灿烂的玉文化，令人惊叹。著名美籍华裔学者张光直教授认为，应该在中国新石器时代和青铜时代之间插入一个"玉琮时代"，以附和《越绝书》中风胡子的"玉兵时代"之说，认为这一时代是巫政结合的时代。

我国是世界上最早用玉的国家

（三）中华玉文化

我国是世界上最早用玉的国家，中国人自古好玉、重玉，也是举世公认的。玉制品在中国古人的心目中，具有德瑞等人格化的神圣含义。特别是经过周秦时代儒家的系统化、理论化，将晶璧湿润、坚韧耐久的玉器比附为"仁、义、智、勇、信"的"五德"，成为中华传统文化的重要内涵之一。古之君子比玉于德，故玉不离身，以"玉"喻人，足见对玉之重视。只要从语义学方面稍加探讨，便知国人于玉的"崇敬"态度了。中文里凡与玉有关的字、词，或包含美、洁、贞的内容，如玉手、玉臂、玉肌、玉步、玉碎、琼楼玉宇、冰清玉洁、亭亭玉立，云云，或有吉祥、高贵之义，如玉瑞、玉台等等。又如仙人喝的饮品有"玉浆"之称，仙人的居处称"玉楼"、"玉皇""玉帝"则是指最高的天帝。月亮也因人间造化而有"玉轮"之誉。这一类的例子不胜枚举。把玉器用于礼仪与丧葬，也是华夏民族的习俗。战国出现的缀玉面幕相缀玉衣服，汉代出现的玉衣都是玉殓葬习俗的进一步发展。寻根溯源，它们都与良渚文化中用玉器殓尸殉葬有极深的渊源。

良渚玉器在成就神圣的同时，也组成了良渚社会世俗物质生活中最精致的部

玉制品在古人心目中具有神圣的含义

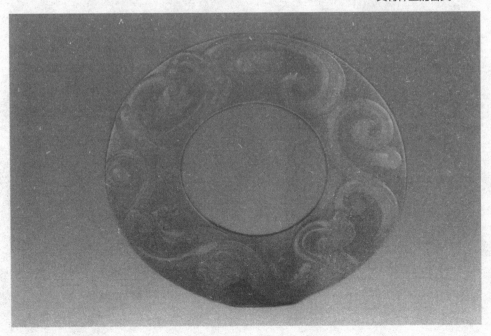

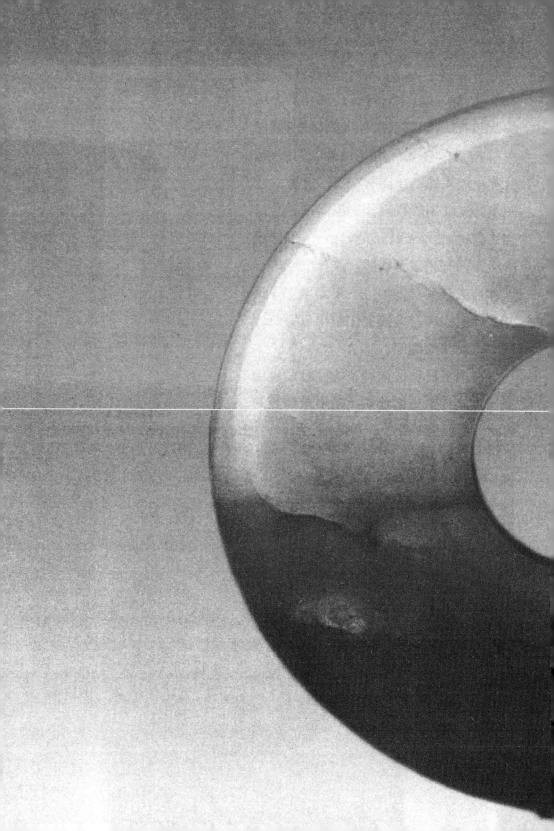

玉器更多时候象征着身份和地位

分。良渚玉器中的不少器类具有人体装饰或日用器具的功能，如镯、环是人的腕饰或臂饰，由璜与管、珠组串而成的串饰多是胸饰或颈饰，玉梳背是修饰发梳的镶嵌物，玉勺和玉匙是进食的器具。玉器娱乐着神灵，也滋润着显贵者的生活。良渚平民墓葬中拥有玉器的比例很高，尽管只是锥形器、坠、管、珠等小件玉器，但这种全社会对于玉器的普遍崇尚和爱好，无疑是显贵者不断追求精致的动力所在。

良渚先民生前广泛用玉，在去了另一个世界后，生活中的玉器也一起和他们进入了地下王国。这就是在众多遗址中发现玉的原因。学术界也把这种习俗称为玉殓葬。后来，用玉殓葬就成了古代厚葬制度的一个重要组成部分。郑玄注《周礼》中说："圭在左，璋在首，琥在右，璜在足，璧在背，琮在腹，盖取象方明神之也。"这个说起来都比较复杂，要把各种不同的玉器放在相应的位置。因为人埋葬的时候是躺着的，不可能把人竖着埋下去。躺着就有前后左右上下的方位了，这种玉器的摆法也是按天地四方的祭祀方位所设定的。

中国人用玉殓葬形成了一种文化，原因

是什么呢？第一，古人认为玉是致密温润的器物，有特殊的防腐功能，能保证肉体不腐，还可以防止灵魂出壳，所以用玉塞把人体上的窟窿都塞上。过去有记载，古人把玉磨成粉吃，认为这样可以长生不老。第二，玉可以炫耀财富，尤其是玉璧，有的墓葬出土很多同样玉璧，一看就是在炫耀财富。

（四）百业新兴

良渚文化的居民是以农业生产为主，它是在崧泽文化的基础上发展起来的。主要农具有石制的犁、锄、铲、锤、镰、斧、刀等，以及用木或骨（角）制成的耒和鹤嘴锄等等，不仅品种多样，而且基本配套使用于各个生产环节。各遗址普遍有石犁发现，这就说明了当时已进入到犁耕阶段。当时的犁耕稻作农业已有了长足的发展，并已出现了因地制宜、面积大小不一的水稻田。

农业的发展，也促进了饲养业的形成和发展。就目前所知，良渚先民已饲养了猪、狗、水牛、鸡和鸭等。尤其是属于杂食动物的家猪，生长快，繁殖力强，活动

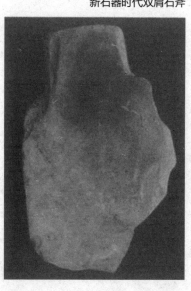

新石器时代双肩石斧

良渚时期的制陶业
很发达

范围又小，粪便还可以充当肥料，因而饲养较为普遍。家猪不但是人们的肉食来源，而且对于一时出现的粮荒，起着一定的救济作用。家禽家畜的饲养，已成为农业生产的重要组成部分，同时也是家庭财富的一大标志。

良渚文化的制陶业昌盛发达。当时陶器的制作已采用了快轮制陶技术，器壁薄而规整，烧烤的温度也较高。早期的陶器胎质以泥质灰陶为主，中晚期则以"黑皮磨光陶"最为盛行。所谓黑皮磨光陶，指的是在器表披上一层黑色陶衣，再经过打磨使之光亮，风格很独特，故考古学界素有"良渚黑陶"之称。早在 20 世纪三四十年代，有人曾不顾史实地认定良渚黑陶是从伊朗西北部传进来的，进而鼓吹"中国文化西来说"，现在这种观点已不攻自破。中国国内学者则在"黄河流域是中国文明摇篮说"的影响下，主张良渚黑陶是由山东龙山文化黑陶发展而来的。今日众多的考古发掘资料和碳十四年代测定的结果，不仅说明良渚黑陶要比龙山黑陶年代早，而且反过来证明了龙山文化曾受到了良渚文化的浸润和影响。

良渚文化除制陶业以外，还有很多其

陶器

良渚文明对后世的社会发展产生了很大的影响

良渚文化的玉器

他的手工业。

编织业：在水田坂遗址发现了一件竹编的像篮子形的残圈。而在钱山漾遗址发现的竹编织物多是用刮光的篾条编制，与现今余杭一带的刚竹相似。编织物有篓、篮、簸箕、席子和捕鱼用的"倒梢"等等。它们的编织方法有一经一纬、二经二纬和多经多纬的人字形、菱形花格，密纬疏经的十字形和相当复杂的"梅花眼"和"辫子口"等。

漆器业：漆器在良渚文化时期，有了很大的发展。在反山、瑶山等墓地内，都发现有漆器，如瑶山发现的一件朱漆嵌玉

良渚漆器

良渚黑陶透雕壶

的高柄杯，器形口稍敞，杯身略呈圆筒形，有喇叭形圈足。

镶嵌业：在反山、瑶山两墓地内都还发现有大量的镶嵌玉粒，可惜原物已腐朽，不可辨认。

良渚文化时期，玉器、编织、丝绸、象牙器、漆器、镶嵌等手工业非常发达，这对中国传统手工业的形成和发展，做出了应有的贡献，也促进了自身文明的产生。

（五）文明曙光

中国是世界文明古国之一，理所当然有她自己的文明发祥地。然而关于"文明"的定义，以及中国文明起源是一元还是多元等问题，至今仍存在着很大的分歧。摩尔根在他的《古代社会》一书中，将人类社会划分为蒙昧、野蛮和文明三个时代，并把文字的发明和使用作为文明时代开始的标志。英国的考古学家柴尔德则主张文明的标志是城市的出现，这其中包括有城

中国是世界文明古国之一，5000年华夏文明源远流长

市的规模、中心宗教建筑、文字与记数系统，以及税收、历法等等。而美国人类学家克拉克认为只要具备有高墙围绕的城市、文字和复杂的礼仪中心三项标准中的两项，就是一个古代文明。中国学术界大多是以恩格斯的主张，即"国家是文明社会的概括"为理论依据，认定国家的出现，也就是文明的诞生。

一般说来，国家的出现，代表着社会生产力高度发展，原始氏族制解体，出现了贫富分化和森严的等级制度。良渚已出现了贫富分化和森严的等级制度。部族显贵已拥有人工堆筑的大型专用墓地，他们死后集中于

一般认为，国家的出现也就是文明的诞生

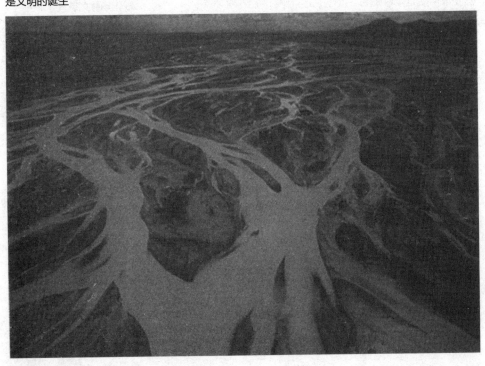

良渚文化的玉器

良渚大墓

高处、略呈馒头形的人工堆筑的专用墓地中，这便是人称中国式的"土筑金字塔"。墓中多有棺椁，其随葬品种类之丰富、品位之高、工艺之精，均属罕见。江苏昆山的一座陵，山高8米多，是用泥土人工堆筑而成的巨型土墩，中心部位又有东西长60米、南北宽50米、高4米的土筑高台。在此土台南部和西北部外围发现有一些以青少年双腿呈捆绑状或身首异处殉葬，还有的仅见人头或骨架。而在土台之上及周围则埋葬着良渚大墓，出土死者既有葬具，又有众多精美的随葬品。位于土台中央并且有彩绘葬具的77号大墓，有以陶、石、玉、

良渚时期贵族大墓中有许多贵重的陪葬品

象牙和玛瑙为原料制作的 160 件精美随葬品，墓主人显然是一位地位显赫的人物。死者地位悬殊的现象，正是当时阶级分化、氏族解体、强权政治建立的写照。

文字的产生，是人类历史上的重大事件。文字可以记录语言，表达人们的思想，互相沟通传递信息，扩大和延长语言在时间和空间上的交际功用，是社会高度发展的产物。它的出现，是人类进入文明社会的重要标志之一。近几年来在余杭的南湖、安溪、瓶窑和上海马桥、金山与江苏吴县澄湖等地出土的陶器和玉器上，都发现有陶文或刻画符号。

再从江浙各地发现的众多祭坛和大量的玉礼器方面看，可知当时宗教活动十分盛行。特别是玉琮上所刻的神徽及其简化形象和各种形式的玉器造型，各地也都完全相同。假如没有集政权、军权和神权于一身的显赫人物利用宗教进行统治的话，神徽图像和玉器造型也就很难如此规范一致。那种刻有神徽的精美绝伦的玉礼器，绝非出自野蛮人之手，而必定是由专职匠人为少数统治者制作的。

反山、瑶山、汇观山和横山等地大量石钺及玉钺的出土，则证明了随从亲兵制的存在。当时的随从亲兵已根本不同于氏

**精美玉器应出自
专职匠人之手**

良渚玉器

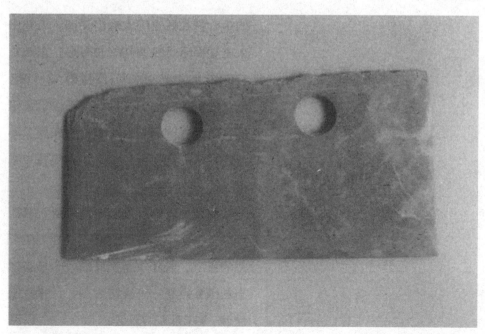

余杭瓶窑的良渚文化古城遗址

族社会集体自卫性的武装、而成为凌驾于部落之上的特殊的武装力量。

另外，根据各地发现的墓葬规模、葬具和随葬品的精美程度与数量看，良渚墓葬基本可划分成大、中、小和乱葬墓四大等级。而这四个等级的墓葬数量由少到多的悬殊比例，说明当时已存在着金字塔式的等级社会结构。贫富的分化、阶级的产生，最终必然导致国家的诞生。

在余杭良渚、瓶窑两地共33.8平方公里的范围内，目前已发现良渚文化遗址六十多处。不仅分布密集，成群连片，而且各种大墓、祭坛、居址、精美玉器和手工业作坊也大多见于此地。而遗址群的中心就在瓶窑的大观山果园。大观山果园平面略呈东西向的长方形，东西长670米，南北宽450米，海拔为12.5米，是一处利用自然山冈再经人工修筑营建的良渚时代的巨型大土墩，其四周又环布着众多的良渚遗址群落，隐现城乡雏形。

综合上面的现象来全面分析，我们可以宣告：中华文明的曙光已经划破茫茫的长空，长江下游南岸的一个最初形态的国家政权——良渚古国，已横空出世。

五、历史迷思

蚩尤画像

（一）神秘的良渚人

我们把创造良渚文化的良渚先民叫做"良渚人"，他们是良渚文化的主角。那么，良渚人属于什么部族，是土著的还是迁入的？在历史上又有怎样的记载呢？

传说中大致与良渚文化时期在时间与空间上吻合的部族有蚩尤、防风氏、羽民国等部族，因此，学术界主张良渚人属于上述任何一个部族的观点都有。但是良渚人究竟是古史传说中的哪一支部族或方国，到底可不可以与某一方国、部落或部落联盟对上号、挂上钩？现在还不太明确。

在良渚文化玉器上有一个非常神秘的图案不断地重复出现，这个图案的形态特别像一尊英武的战神，不由得使人联想到好战的蚩尤。

古史传说中的蚩尤是中国东南方的蛮夷，他英勇好战，为了扩大势力范围，不断与其他的部族发生争夺地盘的战争，屡战屡胜，被尊为战神。但是当他与中原的黄帝部族开战时，终于被更为强大的黄帝部族打败，成为一位失败的英雄。这一则传说与良渚文化的族属、地望和传说极其吻合：良渚文化中石钺非常发达，表明良渚人也好勇强

冠型饰上的图案为先人崇
拜的一种图腾

悍；蚩尤作战节节胜利之时，也正是良渚
文化非常发达之时；而蚩尤最终被黄帝打
败的时候，又正是良渚文化衰败的时候。
传说中蚩尤与其他的几个部落联盟同属东
夷集团，居于山东和长江三角洲一带，而
蚩尤部族中有一支首领叫九黎的大部落联
盟，它的分布范围包括了良渚文化的所有
地域，因此，强悍的良渚人应该就是九黎
族中的一支。九黎族中有一支叫羽人或羽
民的，他们信奉鸟、兽，把它们当做祖先，
因而信仰、崇拜鸟、兽图腾，而良渚文化
中玉器上的神秘图案下部分似乎也像鸟、
兽，也是良渚人崇拜的一种图腾。所以良
渚人可能就是羽人或羽民。

良渚时期玉石产量很大

这是一种比较流行的说法，推理也看似合情合理，但缺乏必要的证据。当今的学术界也没有一个明确的定论。良渚人，成了我们心中一个永远而又神秘的结。

（二）玉料源自何方

良渚先民用勤劳的双手、智慧的心灵创造了辉煌灿烂的玉文化，把良渚文化引向了文明时代，并在中国传统文化中大放光彩。良渚文化出土的玉器种类和数量非常多，说明良渚时期玉石的用量很大，而这要有丰富

良渚文化的玉器

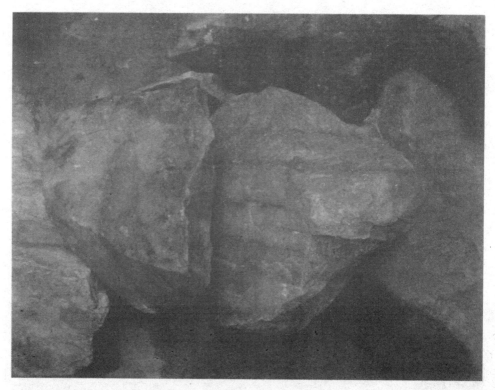

玉矿

的玉矿来供给。那么，良渚文化的玉矿究竟在哪里呢？

这个问题早就引起了大家的关注。开始，考古学家曾在良渚文化范围内寻找，但经过很长一段时间都没有发现良渚时期的玉矿。有人就认为良渚玉料是从盛产玉的辽宁或新疆辗转运来的。这个观点显然很难站得住脚，想象一下，在史前社会，人口稀少，生产力低下，运载工具、交通工具简陋，良渚人如何能够从那么遥远的东北、西北，穿过无路的荒野莽林、高山大川把玉料运至东南的良渚文化圈内呢？

天上不可能掉下玉石来，所以有的专家执著地认为，在良渚文化的区域里，尤其是在良渚遗址群内的天目山余脉，一定存放着被人们遗忘了的古代玉石矿藏。文化可能消失，但是先民开采的古玉石矿藏却应该是永远存在的。

1982 年，在江苏省溧阳小梅岭发现了透闪石软玉矿藏，经取样鉴定，此矿藏的软玉硬度在 5.5—6 度之间，玉石的质地细腻，色泽呈白色和青绿色，透明度较好，呈蜡状光泽，与良渚文化玉器所用玉料相似。这一发现震动了考古学术界，专家们普遍认为：良

有专家认为，天目山存有大量的玉石矿藏

良渚文化的玉器

渚文化的玉料来源可以确定是就地取材，而非从远地转运，有关玉料来源这一重要问题似乎已得到初步解决。

但这并不等于就没有了疑问。位于浙江余杭境内的良渚文化中心遗址——良渚遗址群内出土的玉器是其他遗址出土玉器数量的总和，其所需的玉料也应是良渚文化圈内用量最多的，这些大量的玉料都是从江苏小梅岭运来的吗？在良渚遗址群内至今没有发现矿藏的同时，不少专家仍坚信很可能是"就近取材，原料来自附近地区已被遗忘的古矿床"。这一推测符合现代人的思维，普遍为人们所接受和期待。

如此精致的石钻，令我们无比佩服良渚先民的智慧和技艺

但这一切都得等将来的考古发掘来推断，在没有确切的证据之前，永远没有揭开的谜。

（三）制玉工具之谜

见过良渚玉器上"神徽"像的人，都会惊叹于良渚玉工的雕琢技艺。两手叉腰的神人骑坐在神兽之上的"神徽"，高不足3厘米，宽不及4厘米，神人的羽冠及手、胸和神兽的头部与前肢都刻画得十分生动逼真，线条纤细如发丝，通过放大镜，甚至能看到在1毫米宽度内竟刻着四五条细线，堪称史前微雕杰作，令观者拍案叫绝。人们不禁又要问，在没有金属工具的良渚时代，硬度达6—6.5度的玉器是如何雕刻的呢？

神徽纹形象生动逼真，线条纤细如丝

良渚文化的玉器

神徽纹在良渚文化中晚期是最为常见的玉器纹饰

这是任何一个稍加留心的人都会提到的问题，学术界争论至今，有人说除了传统的细石器外别无它物能刻画出那么繁缛的图案；有人则认为良渚文化玉器纹饰是用鲨鱼牙刻画出来的，良渚墓葬中亦曾有鲨鱼牙的出土；中国地质科学院地质研究所研究的结果表明良渚玉器大部分呈鸡骨白和象牙白，是采用焚烧加热的办法，使玉器表面硬度降低后再进行加工的。

上述种种说法却遭到一些学者的否认，他们认为，细石器虽然有的硬度很高，可以超过良渚玉的硬度，但用来雕刻玉器时会立即钝化，不适合作精细加工工具。而鲨鱼的牙齿，硬度在 5—6 度之间，不能用于刻画 6—6.5 度的良渚玉器。至于先加热玉器降低硬度再雕刻的方法似乎很有道理，但是从出土的良渚文化玉器上的纹饰来看，其加工工具是非常坚硬的，线条匀称流畅，迸裂分叉的现象极少见到，且表面非常光亮；而对加热软化后的玉器却不再需要那么硬的加工工具，线条之间容易迸裂分叉，而且埋入土中至四五千年后的今天，不仅表面会失去光泽，而且会变成粉末。

也有日本学者认为在良渚玉器上的刻画纹饰的刻刀是钻石。钻石的硬度足以用来雕

黄琮

良渚文化的玉器

良渚先民到底用什么工具在玉器上刻画花纹，至今是一个谜

刻玉器，可是目前我们还不清楚史前的先民是否已对钻石有所认识，同时太湖流域也不见有发现钻石的报道，况且钻石又是用什么工具或方法制成的呢？这一雕刻工具的论战陷入了僵局。

良渚先民们是用什么工具来创造神话的，我们知道的真的很少很少，更多的还是一个字：谜。

（四）幻影迷踪话良渚

良渚文化是一支在当时可称为相当发达的古文化，但经历了一千三百多年后，却像一颗绚丽多彩的流星，在令人目眩神

海平面上升造成的海侵将良
渚文化毁于一旦

迷了一阵后突然神秘地"失踪"了，给世人
留下一个千古之谜。为此，人们多方收集资
料和证据，希望能解开这个千古之谜。

1. 海浪摧打

从古地理环境的角度来说，大约在公元
前3000年前后，全球性气候变迁。良渚文
化晚期，气候变暖，气温升高，冰川融化，
海平面上升，太湖平原除了少数高地和丘陵
外，全部陷入汪洋之中，造成了一次大规模
的海侵。这次海侵对良渚文化来说是毁灭性
的，经历了千余年发展起来的良渚文化毁于
一旦。大部分的部落被洪水淹没，设施被摧
毁，良渚先民赖以生存的农耕之地更是常年

淹没在水中，良渚人就这样没有了家园。没有了生存之地，有的就迁移了，也有部分先民因此而死亡，辉煌一时的良渚文化也就这样被海侵摧毁了。所以今天我们在良渚文化遗址之上还普遍发现有水灾痕迹——淤泥、泥炭和沼泽层。可能一些良渚文化遗址，还被深深地埋在太湖底下。

关于良渚文化消失的原因，众说纷纭

2. 洪涝灾害

另外一种说法是良渚文化晚期，太湖地区气候由寒冷变得温暖湿润，平均温度比现在高 2℃，年降水量为 200—300 毫米，雨量明显增多，加之当时的海平面高出以前 2 米左右，留于内陆的水宣泄不畅，势必会造成很大的水患。因此山洪暴发、江河水涨、洪水泛滥、陆地被淹，黄河、长江的下游，尤其是长江三角洲之地，一片汪洋，人们只能向高处躲避或逃奔外地。原有发达的良渚文化顷刻间被摧毁，而其农耕地更是常年被淹没，再也无法以农业为生了。特大洪水灾难延续了若干年，良渚人已无法生存，残存的人们在相当长的时间之内，只能勉强维持生活。于是他们只有背井离乡，大规模地举族迁徙，辗转漂流去寻求、创造第二家园。因此，良渚文化在太湖地区突然消失，出现了数百年的空缺。这一切都是洪涝灾害引起的。

3.战争衰竭

还有一种说法是良渚社会时期，在黄河、长江流域，类似的部落方国为数不少。随着各古国政治的加强，拥有王权、军权、神权于一体的统治者，对内实行着血腥的统治，对外为了聚敛更多的财富，扩大地盘和人口，同周邻部落、古国之间进行着激烈的掠夺性战争。良渚部族本来在当时就是最发达、最强悍的一支，但是由于贵族首领的日渐奢靡，普遍追求享乐的生活方式，非生产性的劳动支出占有相当大的社会比重，社会基层越来

有人认为，长江、黄河流域部落间的掠夺性战争是毁灭良渚文化的罪魁祸首

良渚文化的玉器

自我灭亡也被作为一种说法用于解释良渚文化的消失

越不堪重负，经济基础与上层建筑越来越不相适应，导致社会矛盾冲突激烈，内讧和各立山头的局面产生，危机四伏。整个社会越来越缺乏控制力，国力日益削弱，因而在频繁的战争中也就逐渐失去了取胜的优势，抵挡不了外敌的入侵。内忧外患最终导致良渚文化走向了消亡。

4. 自我灭亡

从历史学研究的角度来讲，有学者认为良渚文化的灭亡是由其社会内部发展规律造成的。良渚文化圈的组合，是由各部落掌握权力的首领结盟维系的，而不是经由同化而凝聚的文化体系。这样的体系，比较复杂且不坚实稳定。一旦结合的因素

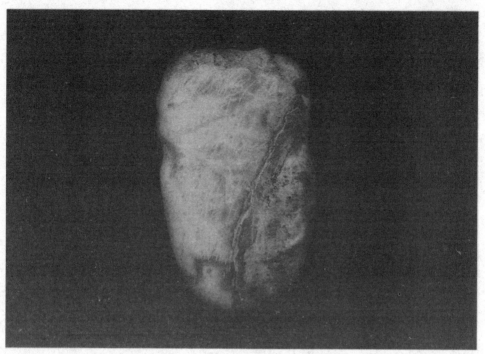

玉蝉

消失，随时可以分解。如果社会上层滥用权力，狂妄地提高自己的地位，浪费社会体系共同的资料，则原来设立的社会机制，即由正面功能转变为负面负担，过重的负担，最终会击垮原有复杂的社会体系。所以良渚社会体系的危机，可能在其文化最为鼎盛之时出现，在大量劳力投入浩大工程、建筑宫殿、陵墓与宗教中心，在精工巧匠耗尽心力，取得贵重玉材，制作精美玉器时，良渚社会上层领导功能就消失了。这个庞大的权力机制便土崩瓦解。

对良渚文化的消失原因，前边介绍的论

点均有一定道理。但一个辉煌的古文明，不会突然全部消灭，而是由盛转衰，有一个渐变过程。良渚文化即使衰败也不会大面积同时消亡，定会有先有后。所以单凭上面任何一个方面也不能说明其消失的根本原因。综合起来看，我们可以这样认为：良渚文化社会内部腐败无能、缺乏活力、缺乏抵御能力，遇到大洪水冲击，使根基不稳的良渚王国，一蹶不振，直至消亡。

但良渚文明的消失究竟是水灾灭顶还是奢侈而亡？或者是战争摧毁，还是另有原因？人们对这个创造奇迹的时代充满感

玉勒

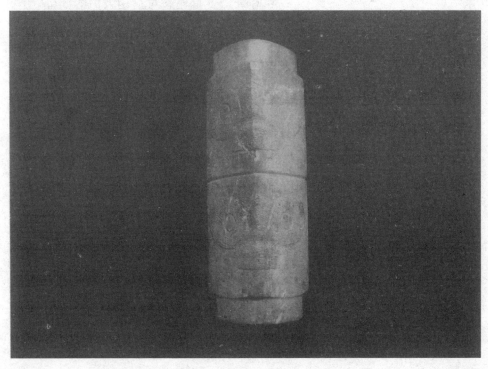

龙山文化遗址

叹和好奇，更是充满对真相大白的期待。

（五）后良渚大猜想

从后来层出不穷的考古发现来看，分布在山东的龙山文化带有良渚风格。另外，南方闽粤一带也发现了或多或少类似的遗迹。而在良渚故地，又产生了马桥文化。因此，人们对后良渚时代作了大胆的猜想：灾难延续了若干年后，良渚人已无法生存，残存的人们在相当长的时间之内，只能勉强维持生活。于是他们只有背井离乡，被迫大规模地举族迁徙，南下的一支到达粤北（今广东省北部）后融入了石峡文化，而其主体则渡江北上到达了中原，与中原的龙山文化先民发生了一场争夺生存空间的生死搏斗。良渚人部族虽然是一个强悍的部族，可是到达中原后，受到当地部落的强烈排斥，在这种情况下不可避免地发生了战争。然而良渚人由于人力、物力、财力等因素，最终在中原部族的联合抵御下被打败了，未能在中原取得一块立足之地重建本族的文化，最后不得不被胜利者吸收、同化和融合，因此才会有如此多良渚文化因素出现在龙山文化之中。

龙山文化玉冠饰

受到重创的良渚人，除了大部分迁移外，还有部分残存。几百年后气候转凉，积水消退，另外一支部族马桥文化的人们逐渐来此定居。他们的生活也似乎过得一年比一年好，气温在不知不觉中降低，气候的凉爽与干燥使河水也逐渐向下退去，原先被淹没在水中的土地露了出来、沼泽也明显减少。马桥文化的人们从残存的良渚人那里吸收了良渚文化的成分并想将其发扬光大，但是受到了其他文化的入侵，又先后兼容并蓄地吸收了其他的外来文化，使得良渚文化最终没有在马桥文化的人们手上得到充分发展，因而马桥时期陶

马桥灰陶

器制作欠精，造型比较简朴。玉器不仅品种少，而且质量差、雕制粗劣简陋，社会生产力水平远远不及良渚文化。

这是关于良渚文化在太湖地区突然消失的看似合理的推断。究竟良渚文化的归宿如何，现在还没有充分的证据回答，这一切都只有等待今后考古的新发现与学术研究的新进展了。

良渚文化的玉器